TROIS JOURNÉES DE GRENOBLE.

RELATION

DES

ÉVÈNEMENS

QUI SE SONT PASSÉS A GRENOBLE

PENDANT LES JOURNÉES

DES 11, 12 ET 13 MARS 1832.

Grenoble, Imprimerie de I. VIALLET, place Neuve

TROIS JOURNÉES

DE GRENOBLE.

Le premier dimanche de carême, appelé dans notre pays dimanche des *brandons*, à deux heures après-midi, une mascarade, aussi grotesque qu'extraordinaire, a commencé à parcourir les divers quartiérs de la ville.

Deux Anglais à cheval ouvraient la marche ; venaient ensuite deux masques en costumes d'officiers généraux ; l'un était armé d'un cierge et l'autre d'une énorme seringue. Après eux, on voyait une calèche tirée par quatre chevaux. Un personnage vêtu de noir tenait les rênes ; lui-même était mené en laisse par l'un des deux Anglais qui précédaient la voiture, et qui tenait le bout d'un ruban tricolore, au moyen duquel il conduisait le conducteur de la calèche. Dans l'intérieur de cette voiture étaient quatre autres masques, dont deux se faisaient remarquer par des costumes singuliers. L'un était vêtu de la robe rouge et de la toque de nos magistrats, et l'autre, couvert d'une soutane et d'un chapeau à la Bazille, se distinguait encore par deux longues oreilles d'âne. Enfin, la place du laquais était occupée par quelqu'un habillé en paillasse, et ayant une coiffure en forme de poire.

Une seconde voiture à deux chevaux était conduite par un masque en habit ecclésiastique. Le fond était occupé par un être monstrueux et d'une dimension exagérée, sa figure bouffie et rubiconde annonçait néanmoins un air de prospérité remarquable. Sur les deux places de devant étaient assis deux petits personnages, revêtus d'un sac de toile grise, et portant écrits sur leurs bonnets de papier ces mots : *Crédit supplémentaire.*

La marche du cortége était fermée par deux cavaliers, l'un était en uniforme de Polonais, avec un crêpe au bras, et l'autre était un garde national *emblousé.*

Si la réunion de ces divers personnages avait quelque chose d'incompréhensible , leur conduite était une énigme tout aussi difficile à pénétrer. De temps en temps, ils arrêtaient leur marche. Alors, le conducteur de la calèche à quatre chevaux, qui paraissait être le personnage le plus important, disait : « Messieurs, nous allons délibérer. Debout ! » et tout le monde se levait. « Assis ! » et tout le monde se rasseyait. Puis, se tournant vers le Paillasse, il ajoutait : « Encore une victoire remportée, » et Paillasse remuait la tête en signe d'approbation ; d'autres fois il s'écriait : « Vous aurez tous des croix. »

Il faut convenir que tout cela était bizarre et surtout bien plaisant. Aussi, sur son passage, la troupe joyeuse excitait une folle gaîté, un rire universel et inextinguible. Mais pourquoi faut-il que l'autorité trouve fâcheux et répréhensible ce qu'une population tout entière salue de ses acclamations, de ses applaudissemens les plus vifs? car l'autorité, qui, dans de telles circonstances, est toujours un trouble fête, mit ici son nez bien mal à propos, comme ne le prouvera que trop la suite de ce récit. Il faut savoir que hors la porte de France est une esplanade très-spacieuse, entourée d'arbres, et qui est la promenade favorite d'hiver; elle est toujours remplie, le dimanche après-midi, de la plus nombreuse et de la plus brillante société.

La troupe masquée vint exciter parmi la partie promenante de notre population, ces accès de joie, ces rires, ces applaudissemens qui partout avaient marqué son passage. Mais au moment de rentrer en ville, à l'instant où les deux Anglais s'avancent sur le pont-levis, le poste de garde à la Porte-de-France leur barre le passage, la baïonnette croisée. Cette mauvaise plaisanterie excite des murmures universels parmi les spectateurs; l'indignation publique est un moment suspendue par la conduite originale de nos masques. Celui qui portait la seringue, sans se déconcerter, couche en joue avec son instrument hydraulique le peloton qui lui faisait face, en s'écriant d'une voix de stentor : « A moi, pompiers! » Au milieu de cette scène de confusion et de trouble le conducteur de la calèche se lève et d'un ton emphatique fait entendre ces paroles : « Mes amis, voici encore une occasion de sauver la France. »

Ici s'engage un colloque entre la mascarade et un des chefs militaires qui donnait des ordres pour faire fermer la porte. On lui crie : « Depuis que vous êtes en place, vous n'avez fait que des brioches. — C'est par ordre supérieur, répond-il. » Puis il ajoute : « J'ordonne qu'on ferme la porte sur-le-champ. — Et moi, s'écrie le conducteur de la calèche à quatre chevaux, moi, plus puissant que vous, je vous le défends. — Rien ne pourra m'empêcher de la faire fermer, réplique l'officier ; Casimir Périer lui-même fût-il là pour le défendre que mes ordres s'exécuteraient. »

Au même instant la porte se ferme avec fracas, des cris d'improbation s'élevèrent de toute part. On ne conçoit rien à cette excessive rigueur et l'on ne sait comment qualifier cet acte d'autorité, qui, sans que rien pût le justifier, interrompait toute communication avec la ville et fermait dehors le quart peut-être de sa population. L'ennemi se fût présenté aux portes qu'on n'aurait pas agi différemment, et cependant qu'avait de dangereux pour la sûreté de la ville cette innocente mascarade? Certainement elle ne pouvait pas plus mettre la France en péril que n'aurait pu sauver l'état, celui qui si plaisamment en trouvait tout à l'heure l'occasion. D'ailleurs qu'est-ce que tout cela signifiait? Les quatre cinquièmes des spectateurs n'y voyaient rien autre chose qu'un groupe de masques très-drôles par leur accoutrement, bizarres dans leur conduite et d'un effet très-pittoresque; mais quel mal pouvait-il y avoir à tout cela? Il est vrai que quelques malins disent que c'est une allégorie en action, et les voilà qui expliquent tout, depuis l'Anglais qui paraît conduire la troupe, jusqu'au Français emblousé; quant à nous, nous admirions, sans y rien comprendre, l'étonnante sagacité de ceux qui interprêtaient à tort ou à travers, mais que n'interprête-t-on pas? les vieilles commères de Grenoble interprêtent bien l'Apocalypse et y voient tout ce qu'elles veulent y trouver.

On commençait à s'impatienter d'être si long-temps mis à la porte lorsqu'enfin, et sur l'invitation de l'autorité municipale les deux battans s'ouvrent et laissent péhétrer dans la ville, pêle-mêle, masques et promeneurs. Les premiers continuent quelque temps encore leur promenade et déposent ensuite leurs costumes.

Un autre désappointement attendait les Grenoblois; il est d'usage que ce premier dimanche de carême il y ait grand bal paré et masqué au théâtre; et comme c'est le dernier, il est ordinairement aussi le plus brillant et le plus gai. Eh bien? une bande fatale apposée sur les affiches annonce que, par ordre supérieur, défense est faite aux Grenoblois de danser ce jour-là, comme tout à l'heure on voulait leur défendre de rire. Cette mesure produisit une vive irritation parmi les jeunes gens; deux fois M. le maire se rendit auprès de M. le préfet, pour faire lever cet interdit, qui ne pouvait que compromettre la tranquillité publique; mais M. le préfet resta inflexible, et le bal n'eut pas lieu. Ainsi se termina la première journée.

Le lendemain on jasa beaucoup sur les évènemens de la veille, le souvenir des uns appelait le sourire sur toutes les bouches, mais les autres excitaient des murmures sur tous les tons, depuis l'aimable grisette qui se plaignait avec amertume que, de par M. le préfet, il lui eût été défendu de se divertir, jusqu'au politique qui blâmait fortement la conduite de l'autorité dans cette circonstance. Le mécontentement s'exhalait en plaintes de cette nature et ne paraissait pas devoir amener d'autres conséquences; mais quelques jeunes gens conçurent le projet de témoigner au premier magistrat du département leur reconnaissance, par une de ces sérénades discordantes qu'on appelle *charivari*.

Vers les huit heures du soir, le 12 mars, ces jeunes gens et un grand nombre de curieux, hommes, femmes, enfans se réunissent dans la cour de la préfecture et dans la rue du Quai, qui y est adjacente. Rien de bien hostile ne caractérise ce rassemblement, des sifflets, des cris, des huées se font entendre. Une patrouille de la troupe de ligne étant survenue, la cour de la préfecture fut évacuée, et la porte occupée par les soldats de la patrouille.

Le groupe, toujours grossi de nouveaux

venus et de curieux, stationna vis-à-vis, continuant à huer et à siffler de temps à autre. Le tapage diminuait, et les curieux commençaient à se retirer, lorsque, au milieu des groupes, un agent de police arrête un jeune homme et le conduit au corps-de-garde. Les sifflets et les huées, auxquels se mêlent les cris de *à bas le préfet!* recommencent avec plus de force, et l'on réclame vivement le prisonnier. Au même instant un peloton de grenadiers s'avance au pas de charge, la baïonnette en avant, sur les citoyens pressés dans une rue étroite; la surprise et la frayeur s'emparent de tout le monde; on veut fuir, mais, par la plus inconcevable fatalité, l'autre extrémité de la rue est occupée par un second peloton du 35e. Le fer meurtrier est dirigé contre la poitrine des citoyens; les soldats précipitent leur marche, et les habitans, ainsi refoulés des deux côtés, et dans l'impossibilité d'échapper au danger, sont *assassinés* par ceux que la patrie a armés pour la défense de ses citoyens. Le sang coule; des femmes, des enfans même sont percés à coups de baïonnette; et si des magasins, des cafés n'avaient pas donné asile à un grand nombre des personnes qu'on traquait comme des bêtes fauves, on aurait eu de bien plus grands malheurs à déplorer. Vingt personnes au moins sont blessées, plus ou moins dangereusement, et, au moment où nous écrivons, les jours de plusieurs d'entre elles sont encore en danger.

Quel exécrable attentat! aucune sommation n'a été faite. La loi est violée d'une manière atroce. Au milieu du sentiment d'horreur qui nous oppresse, un autre sentiment non moins douloureux nous remplit d'amertume. Comment est-il possible que des soldats français aient été assez barbares pour plonger leurs baïonnettes dans le corps d'hommes et de femmes, sans défense, sans aucun projet hostile, et qui ne demandaient qu'une issue pour s'échapper.

On se refuserait à croire à tant de méchanceté, si le récit de cet évènement cruel n'était confirmé, dans tous les détails, par une foule de personnes qui en ont été témoins, et qui ont failli en être les victimes. Et parmi ces personnes, plusieurs occupent un rang élevé dans la société, l'un est conseiller à la Cour royale, un autre est un employé supérieur dans l'administration, d'autres sont des citoyens des plus recommandables. L'aveuglement, la fureur des soldats étaient tels , qu'un sapeur du génie, qui s'efforçait de dégager une femme et un enfant foulés aux pieds, a été percé de six coups de baïonnette; ses jours courent le plus grand danger.

Bientôt les rues et les places sont inondées de soldats; tout le régiment est sous les armes. L'indignation des habitans éclate en injures et en malédictions contre le 35e; des cris de *vengeance* se font entendre sur tous les points; des essais de barricades sont même tentés sur la place Ste-Claire; mais, pris à l'improviste, les citoyens se trouvent sans armes et ne peuvent se réunir.

Le lendemain 13 mars, toute la ville connaissait les affreux malheurs de la veille. De bonne heure, on remarque dans les rues une circulation active et inusitée; tout le monde s'entretient de ces funestes évènemens, et tout le monde s'accorde à les flétrir de la même qualification. Tous les partis n'ont qu'une même pensée, tous demandent à grands cris la punition des coupables. Des projets de vengeance s'annoncent de toute part, des jeunes gens se montrent en armes; on charge des fusils, des pistolets, et l'on croit cette mesure utile à sa défense personnelle, puisque la force armée, au lieu de veiller à la sûreté des citoyens, les a *assassinés* dans un guet-à-pens. Il faut bien que chacun songe à défendre sa vie; on rentre alors dans le droit naturel.

La municipalité se réunit; les officiers de la garde nationale se rassemblent pour demander qu'elle soit mise sous les armes, et le rappel bat dans toutes les rues.

Des groupes nombreux se portent vers l'Hôtel-de-Ville, on crie : *A bas le préfet ;* car on l'accuse d'être la cause première de tous ces évènemens ; c'est de lui qu'on pense qu'est émané l'ordre de charger les citoyens. Au milieu de cette émotion populaire, on apprend que ce fonctionnaire fait afficher une proclamation ; les placards sont arrachés et mis en pièces au moment même où l'on vient de les appliquer contre les murs ; mais l'on respecte celle de nos administrateurs municipaux : on n'a rien à leur reprocher, on sait qu'il n'a pas dépendu d'eux de prévenir et d'empêcher les malheurs de la veille. Voici cette proclamation :

L'ADMINISTRATION MUNICIPALE

DE GRENOBLE

A SES CONCITOYENS.

GRENOBLOIS !

La tranquillité de notre ville a été troublée de la manière la plus grave et la plus affligeante. Des évènemens malheureux, auxquels semble avoir présidé une aveugle et déplorable fatalité, se sont passés dans la soirée d'hier ; ils ont été si instantanés que, contre toute prévoyance, ils se sont accomplis presque sous les yeux des magistrats municipaux, sans que leur intervention ait pu les prévenir.

Une enquête est commencée ; elle fera connaître les circonstances, les faits et les torts. Justice sera rendue : comptez sur le zèle de vos magistrats.

Habitans de Grenoble, écoutez notre voix. Elus par vous, sortis de vos rangs, nous ne saurions avoir à défendre d'autres intérêts que les vôtres ; c'est à ce titre que nous attendons que chaque citoyen contribue au maintien de l'ordre et de la tranquillité.

La garde nationale est commandée ; elle se rendra à notre appel ; c'est à elle que doit être confié le repos de notre cité. Elle comprend l'importance de sa mission et de ses devoirs dans cette circonstance difficile. Nous comptons sur elle pour prévenir le retour de nouvelles calamités.

Fait en Mairie de Grenoble, le 13 mars 1832.

Le Maire étant absent pour un service public,

Signés Jean DUCRUY aîné, BUISSON et ARIBERT, *Adjoints.*

La garde nationale répond avec empressement à la voix de la municipalité ; de toutes parts débouchent des citoyens-soldats, qui se rendent à leurs places d'armes respectives. Le régiment est consigné dans ses casernes, et l'on doit savoir gré de cette mesure au général, car si l'on eût essayé de réprimer l'agitation du peuple par ces baïonnettes déjà teintes de sang, des malheurs incalculables auraient pu en résulter; nous aurions vu une nouvelle journée *des tuiles*.

Pendant que les bataillons de la milice citoyenne se forment, il se crée une compagnie franche de jeunes gens n'appartenant pas à la garde nationale, qui s'arment de fusils de chasse, de pistolets et d'épées. À leur tête paraît un jeune homme, blessé la veille; il porte en écharpe son bras traversé d'un coup de baïonnette. Le sentiment de vengeance qui l'anime se communique à toute la troupe; ils se dirigent vers la cour de la préfecture; ils veulent en enfoncer la porte; ils veulent chasser le préfet sur qui pèse la grave responsabilité de ces funestes événemens. Le faible détachement de garde nationale qui occupe le poste de la préfecture s'empresse d'en défendre la porte; on craint que l'exaspération qui anime ces jeunes gens ne les pousse malgré eux à quelques excès; on leur oppose cette force d'inertie qui sait faire respecter l'ordre, sans entraîner des malheurs. Un nouveau détachement plus nombreux vient encore protéger la demeure de celui qui est l'objet de l'animosité publi-

2

que. Bientôt la foule remplit la cour de la préfecture. Les officiers supérieurs de la garde nationale arrivent en députation auprès du général, lui apporter l'expression des intentions de leurs concitoyens; ils lui représentent que l'irritation toujours croissante rend indispensable l'éloignement du 35ᵉ, et, par une démarche réitérée, ils obtiennent de lui que tous les postes de la ville, à l'exception de trois, qu'il fera occuper par l'artillerie et les sapeurs du génie, contre lesquels la population n'a aucun sujet de mécontentement, soient cédés à la garde nationale. En attendant que les ordres du commandant de la division aient pu faire partir le régiment, il restera consigné dans sa caserne. Cette transaction était le seul moyen d'empêcher de plus grands malheurs. On apprend en même temps que la Cour royale a évoqué l'instruction de cette affaire, et qu'une enquête est commencée et se poursuit.

Ces premières satisfactions apaisent la population; l'ordre renaît de toute part. A midi, la garde nationale est maîtresse de tous les postes qui lui ont été assignés, et le

général est reconduit chez lui par des officiers de la garde nationale.

Quelques jeunes gens lui imputant une
part plus ou moins grande dans les événemens des deux journées précédentes, crai-
gnent aussi qu'il ne revienne sur ses premières
déterminations, et qu'il ne cause une collision
entre la ligne et la garde nationale. Ils se
dirigent vers sa demeure, qu'ils entourent,
et le gardent à vue.

L'autorité municipale, informée de ce qui
se passe, envoie un fort détachement de
garde nationale pour dégager le lieutenant-
général, qui fait partir en courrier un de ses
aides-de-camp demander à Lyon l'ordre de
départ du 35ᵐᵉ.

Le soir la Mairie a fait afficher la proclamation suivante :

L'ADMINISTRATION MUNICIPALE

DE GRENOBLE

A SES CONCITOYENS.

GRENOBLOIS !

Une journée plus calme a succédé aux
scènes affligeantes que nous avons eu à dé-

plorer hier ; la garde nationale a compris son devoir : grâce à son zèle et au concours de tous les bons citoyens, la tranquillité et la confiance publiques se rétablissent; mais la malveillance, toujours prête à exploiter les discordes civiles, répandra peut-être des bruits alarmans et mensongers, contre lesquels l'administration municipale doit vous prémunir.

Grenoblois ! n'ayez point à craindre de mesures hostiles de la part du régiment consigné ; des engagemens solennels ont été pris à cet égard, il seront respectés ; déjà, et de concert avec le général commandant la division, des avis ont été expédiés pour obtenir le remplacement immédiat de la garnison.

Mais, en attendant, tous les bons citoyens comprendront qu'on doit s'abstenir de toute espèce de provocation. La circulation en ville de quelques militaires isolés n'aura lieu qu'ensuite des mesures prises pour assurer la subsistance des troupes consignées.

Grenoblois ! comptez sur l'administration municipale ; elle vous informera de tout ce qui pourra intéresser la cité.

En l'absence du Maire, retenu pour un service public.

Signés : Ducruy , Buisson et Aribert *Adjoints ;* Dubeux , Fluchaire , Gonnet , Navizet, de Montal, Rocour, Crozet, Gueymard, Rochas, Repellin , Michal , Giroud , Bertier, Désarteaux, Thévenet, Mallein , Charvet, Doyon , Faure et Lentemenn , *membres du conseil municipal.*

C'est ainsi que s'est terminée sans nouveaux malheurs cette journée remarquable, où les deux autorités supérieures du département ont été momentanément suspendues de leurs fonctions, par le peuple obligé de veiller lui-même à sa propre sûreté, et de se prémunir contre de nouveaux désastres par des mesures sages et énergiques.

Mais l'autorité municipale veille de concert avec cette milice citoyenne qui dans cette occasion a donné une nouvelle preuve de son excellent esprit; sans elle, sans sa vigilante et prompte intervention , qui peut prévoir la somme de maux dont notre malheureuse cité aurait pu être accablée? Grenoble, ville aux mœurs douces, que jamais

n'avaient ensanglantée les querelles de parti,
où les hommes des opinions les plus oppo-
sées vivent ensemble avec la même affection
que si aucune différence d'opinion ne les sé-
parait; Grenoble, qui a traversé la révo-
lution de 93, vierge de sang, pure de tous
excès, de tous crimes, il lui était réservé de
voir au milieu de la paix la plus profonde
ses pavés teints du sang de ses enfans, et de
le voir versé par les soldats d'un régiment
que les habitans ont reçu et traité avec cette
cordialité qu'ils mettent dans tous leurs rap-
ports sociaux.

Puissent au moins ces funestes journées
éclairer le pouvoir, et lui être une profita-
ble leçon ! Puisse t-il comprendre enfin que
sa force est tout entière dans l'affection du
peuple et non dans les baïonnettes des soldats !

Nous attendons maintenant avec confiance
les évènemens ultérieurs. Mais que l'autorité
se pénètre bien de ceci, il faut aux habitans
de Grenoble une complète satisfaction; il faut
que les coupables des assassinats du 12 mars
soient livrés aux Tribunaux; en un mot, il
nous faut justice pleine et entière. A cette

seule condition Grenoble reprendra sa physionomie ordinaire.

Ajoutons, dans l'intérêt de la vérité, qu'un très-grand nombre d'officiers du 35ᵉ déplorent ces évènemens, autant que nous-mêmes, et répudient la coupable conduite de quelques-uns d'entr'eux.

M. Maurice Duval s'est, dit on, retiré dans la caserne occupée par le 35ᵐᵉ, et a réclamé lui-même de la Cour royale, d'être entendu dans l'enquête qui s'instruit.

Voici la proclamation qu'il avait fait afficher le 13 au matin, ainsi que les nouvelles pièces provenant de la municipalité, publiées aujourd'hui 14.

LE PRÉFET DU DÉPARTEMENT DE L'ISÈRE

A SES CONCITOYENS.

CITOYENS !

Notre ville vient d'être le théâtre de déplorables excès. Des forcenés, au nom sacré de la liberté, cherchent à la détruire. De quoi se plaignent-ils? que demandent-ils? S'ils avaient de justes plaintes à former, n'est-il pas des moyens légaux de les faire valoir, au lieu d'attaquer les personnes, les propriétés? Artisans, citoyens de la classe ouvrière, ouvrez les yeux, voyez l'abîme où l'on vous conduit; ces hommes adroits ne sont jamais au premier rang : toujours habiles à se soustraire au péril dans lequel ils vous ont placés pour servir leurs passions, ils disparaissent et ne laissent que vous seuls livrés à la sévérité des lois.

Gardes nationaux de Grenoble, c'est à vous de montrer toute la puissance de la grande institution qui vous confia le salut de la patrie, qui vous donna des armes pour la défendre. Je vous appelle tous aujourd'hui au rétablissement, au maintien de l'ordre public; vous ne souffrirez pas que votre beau pays, qui fut le berceau de la liberté, en devienne le tombeau.

Citoyens de toutes les classes, réunissez-vous, et les ennemis du repos public, effrayés de leur isolement et de leur petit nombre, renonceront à leurs coupables projets.

Gardes nationaux, magistrats, tous feront

leur devoir: aucun d'eux ne désertera le poste confié à son honneur.

Grenoble, ce 13 mars 1832.

Le conseiller d'Etat, préfet de l'Isère,
MAURICE DUVAL.

***

L'ADMINISTRATION MUNICIPALE
DE GRENOBLE
A SES CONCITOYENS.

CHERS CONCITOYENS!

Vos magistrats avaient compté sur vous; aucune de leurs espérances n'a été trompée : dans la journée d'hier, lorsque nous étions en présence de tant de causes d'irritation, la tranquillité publique a été maintenue. Le zèle si digne d'éloges de la garde nationale et le concours de toute la population ont opéré cet heureux résultat : l'honneur de notre cité est demeuré intact ; Grenoble est toujours cette ville si remarquable par son esprit de justice et par la fermeté de ses opinions politiques.

Chers concitoyens, vous avez tous accompli votre devoir ; nous en avons la certitude, vous le remplirez toujours ; de leur côté, les magistrats que vous avez élus se montreront dignes de la confiance dont vous les avez investis. L'enquête commencée se continuera aujourd'hui avec activité ; déjà un grand nombre de témoins ont été entendus sur le déplorable évènement qui a porté la désolation dans notre cité. Vos magistrats municipaux se sont assurés que cette enquête est dirigée avec une impartialité qui conduira indubitablement à la découverte de la vérité et satisfera au vœu général ; tous les faits seront bientôt connus ; alors la justice remplira la haute mission qu'elle a reçue pour défendre la société et les lois qui la protégent.

Grenoblois ! vous attendez justice, vos magistrats la réclament ; vous l'obtiendrez.

Fait en Mairie de Grenoble, le 14 mars 1832.

En l'absence du maire, retenu pour un service public,

Jean Ducruy aîné, Buisson et Aribert, *adjoints.*

LE MAIRE DE LA VILLE DE GRENOBLE

A SES CONCITOYENS.

3 heures de l'après midi.

Parti de Grenoble lundi dernier, à sept heures du matin, pour un service d'utilité publique dans les communes de la rive gauche de l'Isère,

J'ai reçu ce matin, à deux heures, dans la commune de Rovon, de la part de mes collègues, l'avis des déplorables évènemens qui ont eu lieu dans notre cité; parti de suite de Rovon, j'arrive à l'instant au milieu de vous, où je partagerai toutes vos peines et toutes vos sollicitudes.

Mes collègues composant le corps municipal m'ont fait part de toutes les mesures qu'ils ont adoptées. Je les approuve, en vous recommandant, chers concitoyens, d'avoir une pleine confiance dans vos élus, qui comptent sur votre entier concours pour le maintien de la tranquillité et de l'ordre public.

Fait à Grenoble, en Mairie, le 14 mars 1832, à deux heures-après midi.

RIVIER, *maire.*

MAIRIE DE GRENOBLE.

7 heures du soir.

Le MAIRE de la ville de Grenoble

S'empresse d'informer ses concitoyens qu'il a cru devoir, au moment où il reprenait les fonctions exercées, en son absence, par MM. les adjoints, envoyer à Lyon deux des membres du corps municipal, MM. Ducruy père et Repellin, avec la mission spéciale d'éclairer l'autorité militaire supérieure sur les causes des évènemens que la ville déplore, et d'insister sur le prompt remplacement de la garnison.

Cette démarche aura certainement les effets qu'on en attend, si, comme il ne faut pas en douter, elle est appuyée par le calme dont la population a donné hier de si honorables preuves.

Fait à Grenoble, en Mairie, le 14 mars 1832. RIVIER, *maire*.

----

15 mars, 3 heures de l'après-midi.

CHERS CONCITOYENS !

De faux bruits circulent dans notre ville ! n'y ajoutez aucune foi; conservez le calme qui vous honore : continuez à prouver, par votre concours et votre respect pour les lois, la justice et l'ordre public, que vous êtes de vrais amis de la liberté.

Des dépêches arrivées hier à M. le lieutenant-général Saint-Clair, de la part de M. le lieutenant-général commandant les 7me et 19me divisions militaires, qui m'ont été communiquées, annoncent pour demain l'arrivée de troupes commandées par M. le général d'User.

Ce général, porteur des instructions les plus conciliatrices, sera attendu hors la ville par une députation composée de MM. Buisson, adjoint; Giroud, notaire ; Bertier, juge de paix, et Mallein, avocat, membres du conseil municipal, et de M. Gaillard, ancien major de la légion de la garde nationale, dans l'objet de régler tout ce qu'exigent les circonstances, l'intérêt de notre Cité, les vœux de nos concitoyens.

Le casernement de ces troupes ne pouvant s'effectuer au moment de leur entrée, je fais les dispositions nécessaires pour qu'elles soient momentanément logées dans divers édifices publics.

La garde nationale, dont le zèle et l'empressement à remplir ses devoirs méritent la reconnaissance publique, continue à faire le service de la place, de concert avec l'artillerie et les sapeurs du génie.

Grenoblois, l'ordre est rétabli : il dépend de vous que la confiance le soit entièrement ! Votre raison et l'attachement que doit nous inspirer notre intéressante cité, me sont une garantie que vous maintiendrez inviolablement cet ordre, sans lequel seraient taries toutes les sources de notre prospérité.

Fait en Mairie de Grenoble, le 15 mars 1832.

RIVIER, *maire.*

Du 16 au matin.

La députation adressée par M. le maire à M. le lieutenant-général Hulot est de retour dans nos murs, et son intervention a obtenu le résultat qu'on s'en était promis. Voici le résumé des mesures qu'elle a arrêtées d'un commun accord avec M. le général Duzer :

1° Le 35me régiment de ligne fera sortir

un de ses bataillons, qui se placera à la porte de France;

2° Cette porte ainsi occupée, le 6me régiment de ligne, destiné à tenir garnison à la place du 35me, fera son entrée, se placera en bataille sur la place d'armes, relèvera tous les postes occupés par la garde nationale et celui de la Porte de France, à l'exception du poste de la préfecture, qui continuera à être occupé par la garde nationale;

3° Immédiatement, tous les bataillons du 35me effectueront leur départ et seront remplacés pour, la garnison et le service, par le 6me régiment;

4° L'entrée de la nouvelle garnison aura lieu aujourd'hui vers une heure environ de l'après-midi;

5° Les ordres précédemment donnés pour faire arriver, de divers points, des troupes sur Grenoble, ont été contremandés;

6° Le régiment de dragons et la demi-batterie d'artillerie qui devait entrer à Grenoble avec le 6me régiment, s'arrêteront à Voreppe, et des ordres seront donnés pour leur rentrée immédiate à Lyon. Le général Duzer ne fera entrer avec lui que soixante chevaux, qui, d'après des ordres antérieurs aux évènemens de Grenoble, doivent compléter la garnison de cette ville;

7° Les mesures ci-dessus ne seront modifiées qu'autant qu'avant leur mise à exécution des ordres supérieurs du gouvernement prescriraient des mesures contraires, cas auquel le général Duzer, avant aucune démonstration, en donnerait avis au conseil municipal de Grenoble et laisserait le temps nécessaire pour adresser au lieutenant-général Hulot une nouvelle députation et recevoir réponse.

————————

4 heures du soir.

Le 6me a fait son entrée dans la ville, et le 35me a opéré immédiatement son départ. Dès le matin, la garde nationale était sous les armes. La tranquillité n'a pas cessé de régner un seul instant. Le préfet, qui n'avait pas quitté la caserne, rentre actuellement dans son hôtel, accompagné de MM. les généraux St-Clair et Duzer.

9 782013 194037